Capitán Verdemán

SUPERHÉROE DEL RECICLAJE

Texto:
Ellie Bethel

Ilustraciones:
Alexandra Colombo

JUVENTUD

Había una ciudad
realmente sucia y mugrienta.
La gente tiraba la basura
y dejaba que se pudriera.

Nunca olía a fresco,
el aire era brumoso;
la gente despilfarraba.
**Eran unos inútiles
y perezosos.**

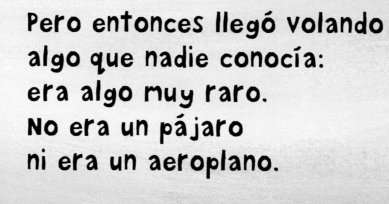

Pero entonces llegó volando
algo que nadie conocía:
era algo muy raro.
No era un pájaro
ni era un aeroplano.

Un superhéroe,
un paladín
con capa verde
descendió por fin

con revuelo hasta el suelo...

Cayó en la Tierra
con gran estruendo
y fue a parar
a un vertedero.

«Soy el Capitán Verdemán,
para lo que pueda
ayudar.

Yo soy verde
y vengo adrede
a salvar
el planeta
Tierra».

<<¡Hay que parar esto en seguida!

Tenéis que tomar serias medidas.
Los montones de basura
casi llegan a la Luna.

Ahora escuchadme
y pasad el mensaje:

¡Los desechos son basura! ¡La clave es reciclar!»

Entonces aplastó una lata y la dejó bien chata...

Desapareció al momento
sin tiempo a un parpadeo.

Entre murmullos de asombro
se miraban unos a otros:

La hermana decía al hermano,

mientras el padre a la madre decía.

«Una ciudad verde y limpia
sería algo bonito de ver.
Este chico tiene razón,
tan difícil no tiene que ser».

Reciclaron el papel,
las latas y el plástico;
¡transformaron trastos viejos
en algo fantástico!

Iniciaron una campaña:
<<Sé más verde>> se llamaba.
Recogían el agua de la lluvia
y cultivaban sus verduras.

Tan orgullosos estaban de su ciudad
y de su verde transformación,
que organizaron una gran fiesta,
una gran celebración.

Adornaron la ciudad
con papel higiénico reciclado
(lo extendieron con cuidado
para poder volver a usarlo).

Cuando Verdemán volvió
a visitar la ciudad,
encantado quedó
de tanta efectividad.

La gente había conseguido
aquello que había dicho.
La calle era un lugar
bonito de mirar.

Al Capitán Verdemán,

le hicieron un homenaje.

¡A nuestro héroe superverde,
campeón del reciclaje!

Pero el **Capitán Verdemán**
ya se había esfumado.
Había volado ya
a salvar otra ciudad.

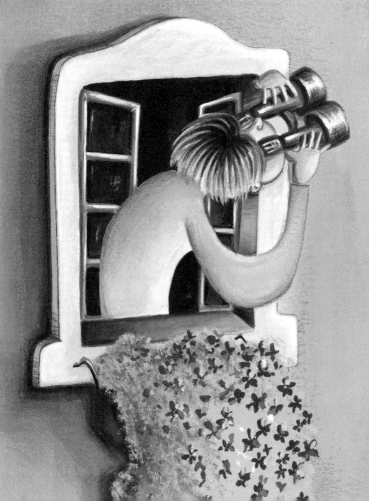

Así que si un día ves
una silueta verde
que el cielo cruza
como un cohete,
salúdale con la mano
o grita su nombre bien fuerte:

Capitán Verdemán

CV superhéroe del reciclaje.

Para mis propios héroes,
Daniel, JJ y Ben.

E. B.

Para mamá, papá (gnomo), Pepi y Kay:
¡Mis superhéroes!

A. C.

Título original: MICHAEL RECYCLE
Texto © Ellie Bethel, 2008
Ilustraciones © Alexandra Colombo, 2008
Publicado originalmente por acuerdo
con Meadowside Children's Books,
185 Fleet Street, London EC4A 2HS

© EDITORIAL JUVENTUD, S. A., 2009
Provença, 101 - 08029 Barcelona
info@editorialjuventud.es
www.editorialjuventud.es

Traducción de Teresa Farran
Tercera edición, 2019
Depósito legal: B. 14.480-2009
ISBN 978-84-261-3739-5
Núm. de edición de E. J.: 13.838
Printed in Spain
Impreso por Gráficas 94, Berguedà, 4-6,
Sant Quirze del Vallès (Barcelona)